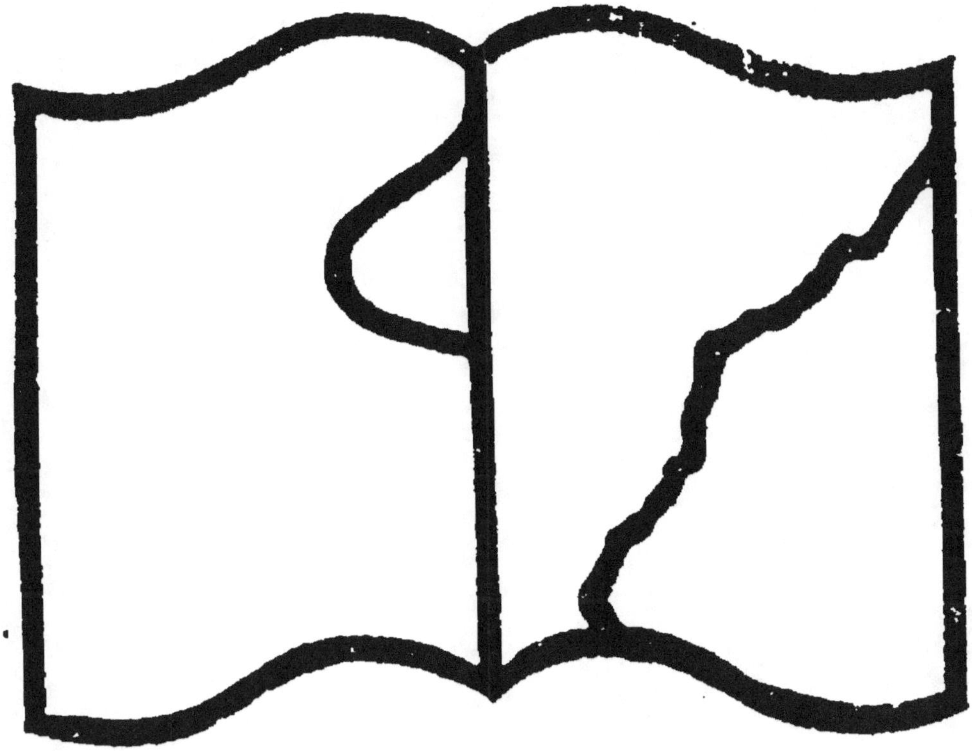

Texte détérioré — reliure défectueuse

NF Z 43-120-11

Ch. BEAUQUIER

Petit Manuel

des

Esprits Forts

Tout notre mal vient d'ânerie.

(MONTAIGNE.)

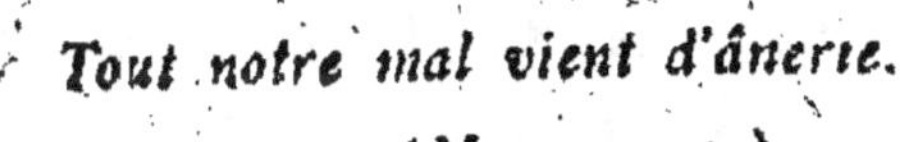

PRIX : 15 CENTIMES

Franco par la poste : **20** *cent.*

BESANÇON

IMPRIMERIE J. MILLOT ET Cie

20, Rue Gambetta, 20

1906

OUVRAGES DU MÊME AUTEUR

ESTHÉTIQUE

Philosophie de la Musique (Germer Baillière, éditeur).

La Musique et le Drame Fisbacher, éditeur).

Les Musiciens Francs-Comtois, broch.

HISTOIRE, POLITIQUE ET PHILOSOPHIE

Notice historique et pittoresque sur le

Les Dernières Campagnes d'Italie éditeur).

La Déclaration de Fortune brochure.

La France divisée en Régions, brochure.

Petit Catéchisme Populaire du Libre-Penseur (brochure de propagande).

TRADITIONS POPULAIRES

Vocabulaire Etymologique des Provincialismes usités dans le Doubs.

Chansons populaires recueillies en Franche-Comté (Ernest Leroux, éditeur).

Blason populaire de Franche-Comté (Lechevalier, éditeur).

Les Mois en Franche-Comté (ER-M NEUVE, éditeurs.)

CH. BEAUQUIER

PETIT MANUEL

DES

L'ESPRITS FORTS

Tout notre mal vient d'ânerie.
(MONTAIGNE.)

BESANÇON

IMPRIMERIE J. MILLOT ET Cⁱᵉ

20, RUE GAMBETTA, 20

1906

PRÉFACE

En vérité, je vous le dis : ce n'est pas par des lois, pas même au moyen de celle qui a séparé l'Eglise de l'Etat, que l'on combattra l'influence politique du clergé et qu'on l'empêchera d'amasser les richesses dont il se fait et se fera longtemps encore une arme contre la République.

Impuissantes et vaines sont les lois contre les idées arriérées, contre l'ignorance, les erreurs et les préjugés.

Le clergé dévalisera toujours les simples qui croiront à l'immortalité de l'âme et à des récompenses ou à des châtiments dans un autre monde.

C'est cette croyance habilement exploitée qui a fait l'immense fortune de l'Eglise aux époques de foi universelle.

Tous ceux, nobles ou vilains, grands propriétaires terriens, riches bourgeois ou commerçants qui croyaient aux peines éternelles, s'empressaient de leur vivant, ou à l'article de la mort, — après, une existence consacrée aux seules jouissances matérielles, — d'acheter le « salut de leur âme » en faisant dire des messes ou en enrichissant des monastères.

De nos jours même, combien de vieilles filles sans famille et sans utilité sociale, combien aussi de bourgeois cossus et bigots meurent dans quelque « refuge » très catholique en léguant à l'Eglise toute leur fortune, sans hésiter à déshériter parfois quelque membre intéressant de leur parenté.

Bien que le nombre des sots crédules diminue de jour en jour, il y aura éternellement des faibles d'esprit, comme il y aura toujours, en dépit de l'hygièn :, de la médecine et de la chirurgie, des bossus, des boiteux et des culs-de-jatte.

Tout ce que nous pouvons espérer, c'est de réduire au minimum le nombre des infirmités intellectuelles.

Et il n'y a pas d'autre moyen, pour arriver à un complet décrassement des cervelles, que la propagande par la parole et par l'écrit, par l'instruction, par tous les moyens que la Raison et la Science mettent à notre disposition « pour fortifier les esprits ».

Ecoutons M. Fulbert, cet évêque de Besançon au nom suggestif, qui invite les fidèles à répandre la bonne parole, la parole religieuse « dans les revues, dans la presse quotidienne, dans des réunions publiques ou privées, dans des conférences diverses, selon les milieux ». Un parti, quel qu'il soit, ne peut triompher, en effet, qu'à condition de recruter sans cesse de nouveaux adhérents, et ces adhérents, il ne peut les conquérir qu'au moyen d'une propagande active, persistante et judicieusement organisée.

Notre ennemi, c'est le Prêtre, mais c'est surtout l'idée qu'il représente, et pour en venir à bout, il n'y a qu'un moyen, je le répète, c'est de tarir la source où cette idée puise toute sa puissance et le clergé toutes ses richesses ; or cette source, c'est l'*Ignorance*, l'Ignorance d'où naissent les croyances stupides, les erreurs, les superstitions néfastes.

Et nous n'aurons raison de l'Ignorance que par l'instruction laïque et réellement obligatoire, c'est-à-dire par le monopole de l'enseignement accordé à l'Etat républicain.

Voilà notre but. En attendant qu'il soit

atteint, nous espérons que ce petit livre fera tomber les écailles de quelques yeux.

Nous commencerons par jeter un coup d'œil sur les origines de la religion chrétienne.

CHAPITRE PREMIER

LE JUDAÏSME

Le Judaïsme a eu pour fondateur Moïse, un personnage légendaire dont l'existence est des plus contestables. Son nom n'a été cité par aucun des nombreux historiens du temps où il était censé vivre. Il n'est question de lui que dans les récits des Hébreux, de ce petit peuple qui, à son apogée, n'a jamais compté une population plus considérable que la population actuelle de Paris.

Si ce Moïse, dont la Bible relate complaisamment les hauts faits, avait pu changer en sang les eaux du Nil, faire exterminer par un ange tous les enfants d'Egypte, suspendre les flots de la mer pour permettre aux Hébreux de passer à pied sec, il est certain que les historiens de l'époque auraient rapporté ces faits peu ordinaires. S'ils n'en ont pas parlé, c'est évidemment qu'ils ne les ont pas connus, et s'ils ne les ont pas connus, il n'est pas très hardi de supposer qu'ils ne se sont jamais produits.

Moïse a eu avec Dieu, sur le mont Sinaï, une *interview*, comme on dirait aujourd'hui. Dieu, on ne sait pourquoi, l'avait choisi pour confident et pour exécuteur de ses volontés, c'est du moins ce que dit Moïse.

C'est sur cette montagne, au milieu du tonnerre et des éclairs, que Jéhovah lui remit les Tables de la Loi, écrites de sa propre main !

Cette transmission directe est bien un peu faite pour dérouter ceux qui pourraient croire que Dieu est un pur esprit. Un pur esprit n'a pas de mains, un pur esprit ne peut tenir dans ses doigts une plume ou un style, et écrire sur des tables de bois ou de pierre... Mais, passons !

Nous sommes en droit de nous demander pourquoi, sur cet immense globe terrestre, Dieu est allé choisir un seul Egyptien, Moïse, et un seul peuple, le petit peuplé hébreu, pour se révéler à eux et pour leur promettre son aide et sa protection exclusifs ?

Cependant Dieu nous est représenté comme le père de tous les hommes, comme veillant aux destinées de l'hu-

manité tout entière et non aux destinées
des seuls chrétiens :

> Aux petits des oiseaux il donne la pâture,
> Et sa bonté s'étend sur toute la nature.

Que dirions-nous si, par exemple,
Dieu ne donnait la pâture qu'aux petits
chardonnerets ?

Et c'était cependant un caprice injuste
comme celui-là dont il se rendait coupable en consacrant uniquement ses
soins au clan si peu nombreux d'Israël.

Il est vrai que, depuis la naissance de
Jésus, le Seigneur a joliment lâché les
Juifs ses favoris, ce qui ne témoigne pas
d'une bien grande suite dans les idées.

Ils ont encouru sa colère, dira-t-on,
pour avoir fait mourir son fils sur la
croix. Mais, puisque Dieu sait tout, il
savait que les Juifs se conduiraient
de cette façon indélicate à l'égard de
Jésus ? Pourquoi ne les en a-t-il pas empêchés ? Il a donc été leur complice ?...
On n'en finirait pas si l'on voulait continuer à raisonner sur ce thème. Aussi,
pour plus de commodité, l'Église interdit le raisonnement.

C'est un mystère de plus à ajouter à
sa collection.

Mais revenons au petit peuple juif.

Ces Hébreux, d'abord chéris du ciel, ces élus de Dieu ont vraiment eu tort d'écrire leur histoire, car ils nous y apparaissent comme une bande d'affreux pillards, de brigands sanguinaires ne faisant guère honneur à celui qui les protégeait. L'histoire sainte n'est qu'un recueil de massacres, de rapts, de vols, de viols commis par ces bédouins primitifs, aussi féroces que les Touaregs, ces écumeurs du désert, leurs dignes descendants.

Sodomistes (Sodôme était une ville juive), incestueux, adultères, ils étaient dans leur Bible tous les vices et sans l'ombre de pudeur. Nous y apprenons, entre autres choses édifiantes, que les pères couchaient avec leurs filles (voyez Loth), et que le beau sexe ne dédaignait pas de flirter avec les chevaux, les ânes et les boucs.

On comprend que la lecture de la Bible soit interdite aux fidèles. Si ce livre n'était pas saint et qu'il parût pour la première fois traduit en français, il serait immédiatement traduit de nouveau...., mais en police correctionnelle.

En résumé, ce qui différencie seulement les Juifs des chrétiens, sans parler de la petite opération chirurgicale que l'on sait, c'est que ces derniers croient à la divinité de Jésus-Christ et affirment qu'il est le Messie annoncé par la Bible.

Les Juifs, à qui l'on ne fait pas prendre des Messies pour des lanternes, s'obstinent à l'attendre encore.

Leur raisonnement, du reste, est irréfutable. « Jésus, disent-ils aux chrétiens, est, d'après vous, venu sur la terre pour « racheter les péchés des hommes, » mais Dieu, puisqu'il peut tout, ne pouvait-il pas les racheter lui-même, avait-il besoin pour cela de sacrifier quelqu'un ? »

Comme le fils du charpentier Joseph leur paraissait un simple imposteur, ils se sont emparés de lui, et pour mettre fin à sa propagande socialiste et subversive de l'ordre établi, ils l'ont fait mourir. On ne parlait pas encore dans ce temps-là de liberté de la parole et du droit de réunion. Si Guesde ou Jaurès avaient vécu sous le roi Hérode, ils auraient subi le sort du « Sauveur des hommes ».

Et il y a des gens pour nier le progrès !

* *

Le Judaïsme a deux filles : la religion chrétienne et là religion musulmane,

mais deux filles aussi ingrates, aussi dé-
naturées que celle du roi Lear qui arra-
chait les yeux à son père.

Les chrétiens et les musulmans ont été
jadis et sont encore les persécuteurs des
juifs.

L'histoire européenne et orientale est
pleine des traitements féroces infligés
aux sectateurs de la loi de Moïse. Ils ont
été, parmi les peuples, des parias, des
lépreux, de véritables souffre-douleurs.
On les a traqués comme des bêtes fauves,
dépouillés, crucifiés, brûlés partout, au
nom d'un soi-disant Dieu de bonté et de
miséricorde.

En Espagne, il n'était pas de belle fête
où l'on ne grillât, en manière de feu de
joie, quelques juifs dûment enrésinés et
goudronnés.

Pour les exterminer en tout repos de
conscience, on les chargeait des crimes
les plus épouvantables ; on les accusait
d'égorger des enfants et de les offrir en
sacrifice à Jéhovah ; on les accusait d'empoisonner les fontaines ; on les rendait
responsables de la peste et de toutes les
épidémies.

Il y a encore, chez les Musulmans, des
pays où l'on peut tuer un juif comme on
tue un chien, sans courir le risque d'être

poursuivi. Actuellement en Russie, où domine une secte chrétienne, les Juifs sont massacrés sans pitié et sous le plus futile prétexte.

Et cependant, Jésus-Christ était Juif (il existe plusieurs exemplaires de son prépuce dans diverses églises). Ses disciples, ses apôtres, de leur aveu même, étaient juifs et circoncis. Jusqu'au deuxième siècle, du reste, tous les évêques subirent la circoncision, qui est l'estampille, la marque de fabrique du judaïsme.

Les chrétiens, à commencer par le Christ, sont donc tout simplement des renégats, des apostats de la religion juive.

La Bible, aujourd'hui encore la base de la religion chrétienne, le livre sacré par excellence, a été dictée à Moïse par Dieu lui-même, le Dieu des Juifs.

Il n'y a pas l'épaisseur d'un cheveu de différence entre le judaïsme et le christianisme ; ils sont aussi absurdes l'un que l'autre, aussi enfantins, aussi barbares, et exploitent avec une égale impudence l'ignorance et la crédulité.

CHAPITRE II

LE CHRISTIANISME

La religion chrétienne, quant aux
dogmes, est fondée sur le mépris de la
raison et, qui plus est, elle s'en vante,
elle s'en fait gloire.

Tous les Pères de l'Eglise, tous les
théologiens se sont plu et se plaisent à
déclarer que ce qui constitue le vrai
chrétien c'est qu'il doit croire ce qu'il
ne comprend pas et avec d'autant plus
d'énergie qu'il le comprend moins.

Un homme dont le cerveau n'est pas
détraqué demandera : « Comment peut-
on ajouter foi à ce qu'on ne sait pas, à
ce que l'intelligence ne peut saisir, à ce
que personne au monde n'a jamais pu
expliquer ? »

La théologie chrétienne répond : « La
raison et la foi sont aux antipodes ; ce
sont deux contradictions inconciliables ;
il faut choisir entre elles. Le croyant
doit abdiquer sa raison et triompher de

ses répugnances intellectuelles ; s'il ne croit pas à l'absurde, il n'a pas le droit de se dire chrétien. »

Voilà une déclaration bien singulière, n'est-il pas vrai ? C'est pourtant la pure théorie orthodoxe. Que nos lecteurs, s'ils en doutent, interrogent leur curé ; « l'homme de Dieu » (!) sera obligé de déclarer que la Foi implique la renonciation à toute espèce de raisonnement. S'il professait une autre opinion, ce serait un hérétique, et en d'autres temps, moins tolérants que le nôtre, on l'eût brûlé comme un simple fagot.

Il est absurde de supposer un être qui ait pu faire quelque chose avec rien.

Il est inadmissible que cet être suprême soit composé de trois personnes et conserve néanmoins son unité.

On ne comprend pas comment une femme a pu mettre au monde un enfant sans avoir connu d'homme et comment, ayant accouché, elle est pourtant demeurée vierge.

On ne peut imaginer que Jésus-Christ, en mille lieux à la fois et le même jour, au même instant, s'introduise dans un petit rond de pâte sèche pour être avalé par les dévots...

Tout cela et bien d'autres dogmes encore de la religion chrétienne choquent violemment le moindre bon sens. Peu importe. Il faut croire, et croire contre toute évidence, malgré les plus colossales impossibilités. Voici, du reste, cette idée spirituellement exprimée dans la conversation suivante du maréchal d'Hocquincourt avec le Père oratorien Canaye.

« Le diable m'emporte si je croyais à rien, dit le maréchal ; mais aujourd'hui je me ferais crucifier pour la religion. Ce n'est pas que j'y voie plus de raison ; au contraire, moins que jamais, mais je ne saurais que vous dire, jé me ferais pourtant crucifier sans savoir pourquoi.

» — Tant mieux ! répond le religieux, tant mieux ! Ce ne sont point des mouvements humains, cela vient de Dieu. *Point de raison, c'est la vraie religion cela.* Point de raison ! Que Dieu vous a fait, Monseigneur, une belle grâce ! Soyez comme des enfants, a-t-il dit. Les enfants ont encore leur innocence, et pourquoi ? parce qu'ils n'ont point de raison. Bienheureux sont les pauvres d'esprit. Ils ne pèchent point : la raison est qu'ils n'ont point de raison. Point de raison ! Les heureux mots ! Ils devraient être écrits en lettres d'or. Point de raison ! Que Dieu vous a fait, Monseigneur, une belle grâce ! » (Saint-Evremond.)

En s'exprimant ainsi, le Révérend Père oratorien ne fait, on le voit, que commenter et paraphraser le mot célèbre et si souvent répété de saint Augustin : « *Credo quia absurdum*, je crois parce que cela est absurde. » Si les dogmes religieux étaient conformes à la raison, quel mérite y aurait-il à les croire ?

Sous une autre forme, Tertullien, une des vives lumières de l'Eglise, a exprimé la même pensée en parlant de ces dogmes insensés : « Cela est certain, dit-il, parce que cela est impossible. »

A la bonne heure ! Voilà une glorification de l'absurde qui n'est pas banale !

Dans tous les actes de notre vie, nous faisons usage de notre intelligence, de notre raison. Notre admiration et nos éloges vont aux savants, aux gens d'esprit, aux poètes, aux jurisconsultes, aux hommes d'Etat, à tous les grands intellectuels. C'est une injure insupportable si l'on nous dit que nous avons le cerveau absolument oblitéré, que nous sommes fous ou idiots...

Mais s'il est question de religion, c'est autre chose. Les théologiens et avec eux les croyants se déclarent, sans embarras, parfaitement déraisonnables et ineptes, et ils s'en vantent comme d'un rare mérite.

Pourquoi alors, pourrait-on leur demander, pourquoi votre Dieu nous a-t-il donné cette faculté qu'on nomme la Raison, si nous ne devons pas nous en servir ? Si cette raison n'est destinée qu'à nous induire en erreur dans la vie et à compromettre les chances que nous pouvons avoir de jouir des félicités du Paradis, il nous a donc fait un présent funeste ?

A cet argument précis, ou bien ils ne répondront rien, ce qui est fort commode, ou bien ils vous feront une réponse à laquelle vous ne comprendrez rien, ni eux non plus du reste.

Ils vous diront : « Ce que vous trouvez absurde, et non à tort, c'est un *mystère*. Or, tout bon chrétien doit croire aux mystères. Dieu lui-même le prescrit. Heureux encore une fois les pauvres d'esprit, a dit Jésus-Christ, le royaume des cieux leur appartient. »

Il suivrait de là que les meilleurs chrétiens sont les plus bêtes, ce qui semblerait donner raison aux étymologistes qui font venir *crétin* de *chrétien*.

Nos lecteurs ont pu voir, d'après les

opinions que nous venons de citer des plus illustres théologiens, que la théologie est la science (?) la plus vaine, la plus creuse, la plus sotte qu'il y ait au monde.

D'abord c'est bien à tort qu'on la qualifie de *science*, puisque ne démontrant rien et ne pouvant rien démontrer, elle n'a, par conséquent, pas le moindre titre à ce qualificatif.

Par définition et par étymologie, elle s'intitule la « Science de Dieu » ou des « choses divines... » Seulement elle n'oublie qu'un point, qui n'est pourtant pas tout à fait négligeable, c'est de commencer par prouver l'existence de Dieu.

Qui dit science, dit notion positive, et nous nous demandons en vain quelles sont les notions positives sur lesquelles dissertent à perte de vue les théologiens.

Voici quelques légers exemples des graves matières qui font l'objet des études et des méditations de ces extraordinaires « savants » :

Jésus-Christ, fils de Dieu fait homme, participa-t-il de cette double nature divine et humaine ; en d'autres termes, était-il vraiment un homme tout en restant un Dieu ?

Cette « importante » difficulté a divisé les théologiens pendant de longues années, pendant des siècles ; elle a été l'occasion de schismes et d'interminables discussions et de persécutions sanglantes, comme du reste presque toutes les autres questions dont nous allons parler.

Avec un sérieux qui serait du dernier comique s'il était simulé, les docteurs de l'Eglise se demandent encore « si le fils de Dieu étant Dieu lui-même a toujours existé ou si Dieu le père l'a tiré du néant ? »

Grave question, en effet, car si la *consubstantialité* (voilà un mot, imposant) du fils avec le père existe, la Vierge Marie se trouve être à la fois la mère de Dieu le père et de Dieu le fils ; en d'autres termes elle aurait accouché de deux jumeaux, sans s'en douter, dont l'un aurait été le père de l'autre !!!

Vous comprenez combien il importe au bonheur de l'humanité d'être exactement renseigné sur la nature de cet accouchement peu banal.

Je poursuis l'examen de quelques autres intéressants problèmes, dont les *savants* théologiens ont entrepris la solution :

« S'il existe en Jésus-Christ deux personnes, un homme et un Dieu, doit-il avoir deux volontés ? »

Peut-il, par exemple, vouloir faire une bêtise comme homme et le contraire comme Dieu ?

Quelle énigme !

Il paraît que les conciles ont décidé que Jésus-Christ a deux volontés.

Grand bien lui fasse ! Il y a tant de gens qui n'en ont pas !

Nous mentionnerons un autre point d'une extrême importance, sur lequel les théologiens, en leur particulier ou réunis en conciles, se sont disputés jusqu'à en venir aux coups — et le sujet en valait la peine, comme vous l'allez voir. Il s'agissait de savoir comment est composée la Sainte-Trinité, quelle est sa nature.

Voici la solution lumineuse de ce passionnant problème :

« Il y a le premier Verbe, l'exemplaire perpétuel de toutes choses engendrées.

» Ensuite le second Verbe, ou verbe proféré.

» Puis le Fils, ou monde sensible, ou esprit du monde.

» Le tout, c'est le monde entier, lequel monde est fils de Dieu ! »

Cette explication est parfaitement limpide, comme vous voyez.

« Voilà pourquoi votre fille est muette ! »

Les théologiens vous expliqueront encore, et avec la même clarté, comment Dieu, à un moment donné de la messe, transforme les parties solides de son corps en farine cuite et son sang en vin, sans que le goût du vin soit changé, sans même qu'il perde son alcool ; à ce point qu'avec le sang de Jésus-Christ, le prêtre pourrait congrûment se pocharder, s'il en buvait en quantité suffisante.

Ces diverses transformations, qui laissent bien loin derrière elles les trucs les plus fameux de Robert-Houdin, s'appellent du joli nom de *transsubstantiation*.

Inutile de dire que notre pauvre espèce humaine, qui se passionne toujours pour ce qu'elle comprend le moins, s'est déchirée à belles dents, s'est éventrée à beaux coups de sabre, s'est brûlée à beaux bûchers flambants, à propos de cette mirifique invention adoptée par les uns et contestée par les autres, qui trouvaient la *transsubstantiation* encore plus difficile à croire qu'à prononcer.

Je ferai remarquer en passant que jamais les savants, mathématiciens ou géomètres, ne se sont égorgés pour avoir proclamé que deux et deux font quatre et que la ligne droite est le plus court chemin d'un point à un autre.

Je pourrais encore parler de la façon dont les docteurs de la foi expliquent la nature des anges, des archanges et des principautés, vous exposer ce qu'est, d'après eux, la grâce *suffisante*, *concomitante* et *nécessitante*, mais je vous fais grâce de toutes ces grâces, bien que le dix-septième siècle se soit pris aux cheveux à leur sujet.

J'en ai assez dit pour que vous compreniez maintenant, amis lecteurs, quel crédit il convient d'accorder aux élucubrations de Messieurs les théologiens, qui, tout en interdisant aux croyants l'usage de la raison, emploient le peu qui leur en reste à couper des cheveux en quatre et à peser des grains de poussière dans des balances de fils d'araignée.

Ces arguties bizarres, ces distinctions extrasubtiles, ces abstractions de quintessence, ces prétentieuses niaiseries, ce double et triple galimatias, voilà ce qui constitue cet art de déraisonner à froid qu'on appelle la théologie.

Cette prétendue science, qui n'est qu'une colossale aberration de l'esprit humain, ne saurait mieux être comparée qu'à l'astrologie du moyen âge.

Les astrologues soutenaient que les millions et les milliards d'astres qui peuplent le ciel ont une influence directe sur les destinées des hommes. Pour connaître cette destinée, il suffit de déterminer exactement le moment de la naissance d'un être humain, concordant avec le lever, le coucher ou l'apparition dans les signes du zodiaque d'une des innombrables étoiles qui constellent le ciel.

De là des calculs sans fin et des divagations ineptes dans un jargon d'apparence scientifique.

La croyance universelle à ces billevesées constitue une des pages les plus humiliantes de l'histoire de l'esprit humain.

Nous en dirons autant de la théologie. Heureusement qu'elle est destinée à disparaître à bref délai.

Comme l'astrologie a été tuée par l'astronomie, comme l'alchimie a été tuée par la chimie, la théologie sera tuée par la philosophie rationaliste. Elle agonise déjà depuis longtemps. Le Parlement, qui n'est cependant pas très voltairien, a supprimé, il y a plusieurs années, les chaires de théologie catholique dans les facultés. Avec la séparation des Eglises et de l'Etat disparaîtra l'enseignement officiel de la théologie protestante. Ce reliquat de la vieille scolastique du moyen âge détonait, en effet, ridiculement, dans notre enseignement moderne, qui n'avance rien qu'il ne puisse prouver, tandis que les théologiens, ces fumistes, enseignent ce qu'ils ne savent pas, — bien mieux, ce qu'ils ne peuvent pas savoir !

§ 1er. — Le Catholicisme

Pendant longtemps, comme nous l'avons dit, les chrétiens ne se sont distingués des Juifs qu'en ce qu'ils croyaient à la divinité de Jésus, personnifiant le Messie annoncé par la Bible (1). En dehors de ce point de doctrine, leurs dogmes et leur culte étaient absolument les mêmes. Ils priaient ensemble dans le « Temple » et les uns comme les autres se faisaient circoncire.

C'est l'apôtre saint Paul qui, du fatras des nombreux évangiles contradictoires

(1) En hébreu, Christ signifie Messie.

et plus ou moins apocryphes, a tiré la formule caractéristique du christianisme: Il a soutenu et fait adopter définitivement que le charpentier Jésus est fils de Dieu et qu'il est mort pour sauver les hommes du péché originel.

Ce brave saint Paul a négligé de nous expliquer pourquoi toute l'humanité, avant la venue de Jésus, c'est-à-dire durant des milliers et des milliers d'années, a été vouée à tous les supplices de l'Enfer, et pourquoi, un beau jour, Dieu s'est imaginé d'envoyer son fils sur la terre et de le faire mourir pour *racheter* les péchés du monde : *peccdta mundi.* Il semble qu'il a tarde bien longtemps, et qu'avec sa toute puissance il n'avait pas besoin de cette mise en scène pour arriver au même résultat.

Ces contradictions stupéfiantes, et bien d'autres encore, n'ont pas été admises d'emblée, on le pense bien, et sans révolter les consciences.

Aussi, pendant les premiers siècles du christianisme, les sectes dissidentes furent-elles innombrables, et innombrables aussi, par suite, les hérésies admettant tel ou tel dogme et repoussant les autres.

Ce n'est qu'au quatrième siècle de

notre ère que, pour mettre fin à ces interminables disputes, s'est assemblé le concile de Nicée, lequel a fixé définitivement la doctrine.

Le catholicisme, c'est-à-dire le *christianisme orthodoxe*, date seulement de cette époque.

Jusque-là Dieu a donc pris un cruel plaisir à laisser patauger et s'embourber les chrétiens dans toutes les fondrières de l'hérésie. Il s'obstinait à leur refuser ses lumières pour pouvoir plus sûrement les damner et les faire griller au feu de l'enfer, comme s'ils pouvaient être coupables de ne pas croire à des dogmes qu'il n'avait pas encore permis de fixer.

Vraiment, si un simple particulier manifestait une pareille méchanceté, il n'en faudrait pas davantage pour qu'il fût l'objet de la haine et du mépris de tous.

Donc, à partir du concile œcuménique de Nicée, les chrétiens, dénommés depuis *catholiques*, furent tenus de croire à Jésus à la fois homme et Dieu, à la Trinité, c'est-à-dire à un Dieu en trois personnes, et à d'autres balivernes qui furent successivement ajoutées au *Credo* pendant le cours des siècles.

Or, toutes ces belles inventions n'a--
vaient même pas le mérite de la nou-
veauté, car personne n'ignore que non
seulement au point de vue des dogmes,
ou articles de foi, mais même au point
de vue des rites et des formules, la religion catholique, prétendue « révélée »,
n'offre absolument rien de nouveau.

Elle a emprunté le plus grand nombre
des éléments dont elle est formée à
toutes les religions qui l'ont précédée, et
principalement au paganisme, auquel
elle succédait directement.

Mille ans avant Jésus-Christ, la croix
était déjà un signe religieux.

Les Assyriens comme les chrétiens
avaient pour symbole de la divinité un
poisson.

Les Perses pratiquaient le baptême, et
l'eau lustrale des Romains jouissait des
mêmes propriétés que notre eau bénite.

Les religions de l'Inde, de plusieurs
milliers de siècles plus anciennes, con-
naissaient des dieux incarnés dans la
forme humaine et des vierges qui
avaient enfanté sans avoir eu de rapports charnels avec les hommes.

Les légendes de Jésus, de Marie, celles
des saints sont empruntées, traits pour
traits, à des religions plus anciennes. Là

biographie de Jésus est à peu de choses près celle du Bacchus indien combinée avec celles d'Apollon, de Pythagore, d'Osiris et de Mithra, tous personnages plus ou moins fantastiques qui ont eu le caractère de faiseurs de miracles, qui sont nés d'une vierge, qui ont été aimés des femmes et que les femmes ont pleurés, qui ont subi le martyre et sont ressuscités.

Le dogme capital du christianisme, celui même qui constitue, on peut le dire, son essence, le dogme de la Rédemption, est emprunté à des théogonies primitives.

Ce sacrifice d'un être vivant et innocent, dans le but d'en sauver d'autres, est une tradition qu'on rencontre souvent dans les premiers âges de l'humanité. C'est ainsi qu'aux origines fabuleuses de l'histoire grecque nous voyons des jeunes gens et des jeunes filles de l'île de Crète offerts comme victime expiatoire au Minotaure qui les dévorait. C'est ainsi qu'Iphigénie fut immolée en Aulide pour calmer le courroux des dieux et permettre aux vaisseaux grecs d'appareiller pour Troie ; c'est ainsi que dans l'histoire sainte, Jephté sacrifie sa fille pour accomplir un vœu, etc., etc. Nous pourrions accumuler les légendes de ce genre. Les traditions populaires de toutes les nations foisonnent de ces récits où l'on voit des innocents sacrifiés pour se rendre favorables des Dieux ou en expiation de crimes qu'ils n'ont pas commis.

Cette doctrine, dont la sauvagerie excuse l'immoralité, est encore celle des catholiques modernes. N'a-t-on pas entendu, il n'y a pas si longtemps, un dominicain, prêchant à la cérémonie funèbre des victimes du bazar de la Charité, déclarer que Dieu avait voulu la mort de ces pauvres femmes, confites pourtant en dévotion, pour racheter les péchés du siècle ?

Ce discours, qui a soulevé l'indignation de tous les gens sensés, est cependant conforme à la plus pure orthodoxie catholique.

Que penser d'une religion qui admet une aussi répugnante et aussi injuste monstruosité ?

*
* *

En résumé, le catholicisme, comme toute chose, a eu des commencements confus, incertains, timides ; puis, par la suite des temps, ses croyances, son culte, se sont peu à peu constitués, et le nombre de ses dogmes s'est notablement augmenté. Il n'est pas dit qu'il ne s'augmentera pas encore, puisque, de 1854 à 1870, deux nouveaux articles ont été ajoutés à son *Credo* : l'immaculée conception et l'infaillibilité du pape.

Comment ces changements, comment cet accroissement continu peuvent-ils s'accommoder avec une « révélation » de la religion faite par Dieu lui-même ?

Je laisse à ces farceurs de théologiens le soin de l'expliquer.

§ 2. — Le Protestantisme

Il convient de déclarer, pour rendre hommage à la vérité, que la religion protestante est, de toutes les religions modernes, la moins grossière, la moins immorale, celle enfin qui répugne le moins à la raison.

En nous exprimant ainsi, nous n'entendons pas viser le protestantisme orthodoxe qui ne vaut pas mieux que le catholicisme ; mais il y a protestants et protestants, comme il y a fagots et fagots (bien qu'en qualité d'hérétiques, ils le sentent tous, le fagot). Nos éloges relatifs ne s'adressent qu'aux « libéraux » de l'Eglise réformée, à ceux qui ont répudié la plupart des dogmes enfantins du christianisme et dont la doctrine, plutôt philosophique que religieuse, s'avance jusqu'aux avant-postes du rationalisme.

Ces huguenots-là ne croient ni à la « transsubstantiation, » c'est-à-dire à la présence réelle du corps de Jésus dans l'hostie, ni à la divinité de ce même Christ, ni aux Ecritures saintes en tant qu'inspirées par Dieu lui-même, ni aux miracles, ni au pouvoir qu'aurait le prêtre de remettre les péchés par la confession et l'absolution, ni aux saints, ni à l'Immaculée-Conception, ni à l'infaillibilité du pape, et encore moins à tous ces fétiches du Cœur saignant de Jésus, du cœur de Marie, etc., etc.

Chaque protestant se fait la croyance qu'il lui plaît, par une libre interprétation de la Bible. C'est même là le caractère particulier de cette religion et ce qui la distingue le plus de la religion catholique. Cette dernière, en effet, impose des croyances toutes faites qu'il est défendu d'examiner et qu'il faut accepter sans choix, en bloc.

Le catholicisme est une religion d'essence tyrannique, tandis que le protestantisme est une religion presque de libre examen.

La différence est encore plus tranchée peut-être si l'on considère les ministres des deux cultes.

En général, les pasteurs de la religion réformée, quelle que soit la secte à laquelle ils appartiennent, sont bien supérieurs à la moyenne des prêtres catholiques. Tandis que ces derniers ont fait ce vœu de célibat et de chasteté, si difficile à observer, les pasteurs sont, pour la plupart, d'excellents pères de famille, très attachés à leurs devoirs conjugaux et qui scandalisent bien rarement les fidèles par leur inconduite ou par des vices contre nature, ce qui arrive trop souvent aux membres séculiers ou réguliers de l'Eglise catholique, apostolique et romaine.

Il convient d'ajouter qu'alors que la plupart de nos curés sont des rustres, très peu dégrossis, les pasteurs se recrutent le plus souvent dans une classe déjà affinée par l'éducation, ce qui leur donne un avantage marqué au point de vue des manières, une plus grande délicatesse de sentiments et une plus large envergure de pensée.

Tandis que dans leurs sermons les

prêtres catholiques traitent le plus souvent des questions de dogme, des subtilités théologiques parfaitement incompréhensibles pour leur auditoire, comme pour eux-mêmes du reste, les pasteurs protestants, qui n'ont pas à déraisonner sur la Grâce, sur la Foi, sur les peines éternelles, sur la Virginité de Marie, sur la transformation de Jésus en pâte alimentaire, etc., etc., se cantonnent dans le domaine d'une morale accessible à tous et s'efforcent simplement de rendre meilleurs ceux qui les écoutent. Leur éloquence est naturelle, souvent touchante : on sent qu'ils parlent non pas pour parler, comme nos prêtres en chaire, mais pour convaincre.

Joseph de Maistre ayant l'intention de se moquer du pasteur protestant, en a fait le plus bel éloge lorsqu'il a dit : « C'est un monsieur chargé de tenir à » son public des discours honnêtes. »

Et ne vaut-il pas mieux paraître un « monsieur » comme vous et moi, un citoyen sérieux, raisonnable et moral, que de s'affubler d'une robe de femme, de se coiffer d'un tourne-vis, de débiter avec emphase des paroles vides de sens et d'afficher la prétention de représenter, sous ces apparences grotesques, un

Dieu tout puissant, créateur du ciel et de la terre.

Le protestantisme, comme tout le monde le sait, est né des abus de la religion catholique.

Il s'en fallut alors de peu que le catholicisme tout entier ne s'effondrât sous cette formidable poussée. Si « le bras séculier, » si les monarchies de l'Europe méridionale n'avaient pas pris parti pour elle, la religion catholique n'existerait plus aujourd'hui qu'à l'état de souvenir.

La Réforme constitua incontestablement un notable progrès dans le développement de l'esprit humain. La morale de la nouvelle religion, plus rapprochée de la morale dite évangélique, eut une influence indéniable pour l'amélioration des mœurs. Aujourd'hui encore, les protestants, en général, ont de la morale une conception plus noble, plus sévère, plus élevée que les catholiques. Cela tient sans doute à ce que leurs pasteurs, n'exerçant pas, comme nos prêtres, le métier de blanchisseurs de consciences, chacun tient à ne pas trop salir la sienne, ce qui est à peu près indifférent à ceux qui se confessent, parce qu'ils savent où se faire nettoyer.

Pour montrer la façon dont les protestants comprennent leurs devoirs moraux, nous nous bornerons à citer un seul exemple, mais bien caractéristique :

Tandis que les chefs de la catholicité, le pape, les archevêques, les évêques, ainsi que tout le menu fretin sacerdotal ont laissé, indifférents et muets, massacrer les Arméniens, écraser les Boers, massacrer les juifs, les plus hautes comme les plus humbles personnalités de l'Eglise réformée n'ont cessé de flétrir ces hontes criminelles et d'obséder les gouvernements sanguinaires de leurs *protestations* indignées.

Nous ne pensons pas que ce soit pour ne pas être taxé de « protestant » que le clergé français ne proteste pas contre ces horreurs. S'il se tait, c'est par lâcheté, par intérêt, pour ne pas se mettre mal avec les puissants du jour. Il n'est plus, le temps où les évêques, y compris le pape, l'évêque de Rome, avaient le courage de se dresser contre les rois et les empereurs pour parler au nom de l'humanité, au nom du droit et de la justice.

En résumé, si les vieux protestants, les orthodoxes, aussi bornés et plus fanatiques encore que les plus dévots catholiques, doivent être mis avec eux dans le même sac, il est juste de faire une exception en faveur des protestants libéraux, dont les articles de foi sont réduits au minimum.

La religion de ces derniers, épurée de la plupart des superstitions du christianisme, est une espèce de déisme ressemblant beaucoup à celui du *Vicaire Savoyard* de Jean-Jacques. Ce sont presque des libres-penseurs qui n'ont pas le courage de leur opinion, des libres-penseurs honteux. Dans tous les cas, nous nous plaisons à reconnaître qu'ils sont, en général, républicains.

Nous sommes persuadé qu'au fur et à mesure des progrès de la science, à force de diminuer leur vieux stock de préjugés traditionnels, ils finiront par jeter leur Bible par dessus les moulins et viendront carrément grossir les rangs des esprits forts.

CHAPITRE III

LE CULTE

§ 1er. — Les Prêtres

Les prêtres ne sont pas ce qu'un vain peuple pense :
Notre crédulité fait toute leur science.

(VOLTAIRE.)

Chez les peuplades primitives dans l'antiquité ou à notre époque, le prêtre est l'homme qui conjure le mauvais sort, qui prévoit l'avenir, qui guérit les maladies au moyen de prières, d'incantations, de formules ou de remèdes dont il a le secret ; c'est aussi lui qui commande aux éléments, « qui fait la pluie et le beau temps ».

En un mot il cumule les fonctions de sorcier et de médecin.

Ces pouvoirs extraordinaires, il s'efforce de faire croire qu'il les tient d'êtres invisibles, d'esprits bienfaisants ou malfaisants avec lesquels seul il est en rapport. Et pour appuyer son dire, comme il est plus intelligent, plus savant, plus malin que les autres, il se livre à des jongleries, à des escamotages, à des tours de passe-passe où ses compagnons ne voient que du feu, ce qui lui donne la réputation d'un être surnaturel.

Supposez Robert Houdin chez les sauvages, ils en feraient immédiatement un sorcier, un prêtre, même un Dieu.

Ce sont ces jongleurs, ces imposteurs, ces faiseurs de tours et de miracles, ces « thaumaturges » qui, dans leur propre intérêt, dans l'intérêt de leur ambition et de leur bien-être, ont été partout les fondateurs des religions.

A mesure que leur influence s'est accrue, que leur pouvoir s'est étendu, ils se sont donnés comme les porte-voix, comme les truchements de la divinité. Ils ont parlé en son nom aux craintifs mortels et leur ont donné des ordres.

Alors que dans la tribu sauvage tout le monde peine et sue pour se procurer la nourriture quotidienne par la chasse et par la pêche, le prêtre-sorcier vit sans rien faire.

On le comble de présents pour se le rendre favorable ; on lui apporte du gibier et des fruits. Les viandes des sacrifices offerts à la divinité, c'est lui qui les consomme en secret.

Ses loisirs, il les consacre à affiner

son intelligence, à réfléchir, à étudier certains phénomènes dont il parvient à pénétrer les causes, et de cette sorte, il arrive à se donner une supériorité réelle sur les misérables brutes que sont ses compagnons à peine sortis des limbes de l'animalité.

Dès le commencement de l'histoire, ces primitifs exploiteurs de l'ignorance n'ont pas tardé à se trouver en rivalité avec un autre pouvoir, celui des chefs guerriers, des rois qui conduisaient les peuplades à la victoire et leur procuraient des esclaves et un riche butin.

Mais ces deux puissances n'ont pas tardé à comprendre que l'union faisant la force, elles avaient tout intérêt à s'entr'aider et à ne pas se faire concurrence dans leur entreprise d'exploitation de la sottise des peuples.

C'est ainsi que dans les temps les plus reculés, quand les prêtres ne sont pas rois eux-mêmes, on voit s'allier le pouvoir spirituel avec le pouvoir temporel, le trône avec l'autel, le sabre avec le goupillon, comme nous disons aujourd'hui.

Le prêtre et le roi sont les deux vis du même pressoir qui exprime du peuple son sang, sa sueur et son argent.

L'histoire n'est pleine que de l'entente

ou des rivalités de ces deux puissances : l'Eglise et la Monarchie. Que la royauté disparaisse, emportée par l'ouragan de la Révolution, c'est à la bourgeoisie, qui lui succède, que vont les prêtres.Comme l'aiguille aimantée se tourne vers le fer, l'Eglise est toujours attirée par l'argent. C'est son pôle naturel.

Le prêtre, se donnant comme le représentant de Dieu sur la terre, comme son interprète et son confident, a voulu qu'on le crût supérieur au reste de l'humanité.

Pour mieux en imposer aux masses, il a, ainsi que son allié le soldat, revêtu un costume bizarre ; il s'est mis à parler une langue incomprise du vulgaire, et, pour montrer qu'il n'a rien de commun avec les autres hommes, faits pour se reproduire, il a prononcé solennellement un vœu contre nature, le vœu de chasteté, et s'est condamné au célibat.

Malheureusement pour nous, pour nos femmes, pour nos filles et pour nos sœurs, l'habit ne fait pas le moine, et, en dépit de tous ses vœux de chasteté, en y joignant ceux d'humilité, de sobriété et de pauvreté, le prêtre n'en est pas moins souvent paillard, orgueilleux, gourmand et cupide.

Les âmes les plus croyantes, les jeunes ouvrières dévotes, les nobles dames, qui baisent pieusement les anneaux des évêques, ne peuvent s'empêcher de sourire lorsqu'elles entendent affirmer que jamais prêtre n'a succombé aux tentations de la chair.

*
* *

A l'origine, les prêtres, se modelant sur les apôtres, n'étaient pas ce qu'ils sont aujourd'hui. Mais les temps héroïques, où les chrétiens, humbles et pauvres, ne cherchaient à convertir les païens que par l'exemple de leurs vertus, n'ont pas duré de longues années. « Vous avez reçu gratuitement mes dons, disait Jésus à ses disciples, vous devez les donner de même. »

Et fidèles à ces instructions, les apôtres des premiers temps, les confesseurs de la foi, répandaient généreusement les prières, baptisaient, administraient les sacrements, secouraient les affligés et les mourants sans rien demander en rémunération de leurs services.

Mais quand l'Eglise fut devenue puissante, quand elle eut solidement établi sa domination sur les âmes, elle songea à exploiter sa situation pour s'enrichir.

Grâce au pouvoir que les prêtres s'étaient arrogé de « lier et de délier », c'est-à-dire de condamner ou d'absoudre les pécheurs, ils stipulèrent, à leur bénéfice, des conditions onéreuses pour octroyer aux pénitents l'absolution.

Ils établirent un tarif gradué d'après lequel on pouvait se racheter des plus grands crimes pourvu qu'on y mît le prix. Ce moyen, pour vivre en paix avec sa conscience, consistait à acquérir des *indulgences*.

Et de ces indulgences, il y en avait pour toutes les bourses ; indulgences de quarante jours, de dix ans, de vingt ans, de cent ans ; il y en avait même de perpétuelles pour les grosses fortunes.

C'est pourquoi vous voyez assez souvent, heureusement moins souvent qu'autrefois, d'immenses richesses léguées aux prêtres pour des fondations de messes et de prières à perpétuité.

Au seizième siècle, le commerce des indulgences atteignit un degré de scandale qui n'a pas été dépassé depuis. On avait fini par les vendre dans les foires, comme les marchandises défraîchies et avariées que les camelots étalent sur nos marchés. On les criait au rabais :

« Achetez, achetez des indulgences,

hurlaient des moines débraillés et sans vergogne ; pour douze sols qui ne voudrait faire sortir du purgatoire sa mère, son père ou sa femme ? Achetez ! elles sont merveilleuses ; elles effacent les péchés les plus épouvantables ; elles sont capables de remettre *même le viol de la sainte Vierge, s'il était possible !!* »

Voilà par quels délicats boniments les vendeurs d'indulgences attiraient la foule et arrivaient à écouler leur marchandise illusoire.

Il faut dire, à la louange de notre temps, que d'aussi grossiers procédés ne pourraient plus être employés sans soulever le dégoût. Mais le commerce des choses saintes, notamment celui des indulgences, pour se faire d'une façon un peu plus décente, ne s'en pratique pas moins ouvertement, tous les jours et dans d'énormes proportions. Encore maintenant des indulgences sont attachées aux chapelets, aux médailles, aux croix, aux images, à toutes sortes d'objets de piété, gris-gris, amulettes et fétiches aussi grotesques que ceux usités chez les peuplades anthropophages.

Rome, Lourdes, la Salette, Paray-le-Monial, etc., Rome surtout, ont la spécialité de ces bazars religieux, de ces boutiques à treize sous de la dévotion ; grands dépôts, magasins centraux qui approvisionnent toute la chrétienté.

Depuis le plus humble desservant de village jusqu'au pape, tout le monde religieux se livre au commerce de cette marchandise frelatée et en tire quelque profit.

Parmi ces négociants en choses saintes, les uns végètent, tandis que d'autres plus ingénieux font d'immenses fortunes : ces derniers sont les Dufayel, les Géraudel, les Dubonnet du métier qui ont su inventer et lancer à force de réclames certaines spécialités. Ainsi, celui qui a trouvé « la dévotion à saint Antoine de Padoue » est certainement un mercanti de génie. Ce sont des millions qui s'engouffrent dans les troncs des chapelles où ce saint vend ses grâces et ses faveurs à beaux deniers comptants.

Le Louvre et le Bon Marché rapportent pour sûr moins à leurs administrateurs et à leurs actionnaires que l'exploitation des chapelets, rosaires, médailles, bouteilles d'eaux miraculeuses de Lourdes ou de la Salette et autres objets *indulgenciés*, pour employer le jargon des dévots.

Mais ce n'est pas seulement à ces articles que se borne le commerce religieux ; il en tient bien d'autres dans ses boutiques : l'Eglise fait payer les baptêmes, les mariages, les enterrements, des prix variés selon la fortune présumée et la vanité des clients.

Il y a des mariages et des funérailles qui coûtent plusieurs milliers de francs, en dépit de la soi-disant égalité chrétienne. Les cérémonies les moins dispendieuses grèvent encore lourdement la bourse des pauvres gens, qui se plaignent amèrement d'être écorchés, mais qui n'inspirent de compassion à personne, puisque la taxe qu'ils consentent à payer est absolument volontaire.

Voulez-vous des dispenses de faire maigre, de jeûner, des dispenses pour vous marier entre parents ; voulez-vous faire casser votre mariage religieux, etc., etc. ? Vous n'avez qu'à mettre la main à la poche et passer au guichet : il est toujours ouvert pour recevoir votre argent.

Un article rare, qui se rencontre seulement dans la boutique papale au rayon de pure vanité, c'est le « titre de noblesse. » Si vous êtes incurablement atteint de la maladie des grandeurs, vous pouvez, moyennant plusieurs billets de mille, vous faire nommer prince ou comte romain.

Les curés et les fabriciens des églises neuves qu'on bâtit ou des vieilles qu'on répare vous fourniront, à des prix variés, la satisfaction de voir votre nom flamboyer sur les vitraux peints ou sur les piliers du chœur. La basilique du Sacré-Cœur de Montmartre a payé ses architectes et ses entrepreneurs rien qu'en exploitant cette corde de la vanité.

Je n'ai pas encore parlé du trafic des messes, qui est cependant le genre de commerce le plus pratiqué par les marchands de prières. Rien n'est plus scandaleux et plus comique à la fois ! Pour 30 sous (prix du diocèse de Paris), un curé, affublé d'un costume spécial, vous donnera la représentation symbolique du crucifiement de Jésus-Christ et fera descendre le fils de Dieu dans une hostie qu'il avalera ensuite en la mouillant d'un peu de vin. Et il s'engagera à se livrer à cet exercice autant de fois que vous le désirerez, à condition, bien entendu, que vous le rémunérerez exactement. Chacune de ses messes a le pouvoir, selon qu'elle est plus ou moins chèrement payée, d'abréger proportion-

nellement le séjour d'une âme au purgatoire.

Ce métier de libérateur d'âmes moyennant finance est un si bon métier que
beaucoup de prêtres, à qui on a payé
d'avance beaucoup plus de messes qu'ils
n'en peuvent dire, écoulent leur stock,
au rabais, à des confrères moins favo-
risés.

Si nous n'étions pas tous au courant
de ces pratiques commerciales et qu'on
nous les rapportât comme usitées chez
les Talapoins, nous ne voudrions pas y
croire.

Il nous faudrait encore parler des
curés, qui, pour leur compte particulier
ou soi-disant pour en faire bénéficier
des œuvres pieuses, vendent de l'huile,
du vin, des liqueurs spiritueuses (j'allais
dire « spirituelles »), des fruits, des lé-
gumes, des montres, etc., le tout sans
payer patente bien entendu, au détriment des vrais commerçants à qui ils
font ainsi une déloyale concurrence.

Il nous faudrait citer les congrégations qui, alors qu'elles existaient, vendaient des produits pharmaceutiques,
des elixirs de toutes sortes à base d'alcool, qui tenaient des hôtels garnis, des
agences de voyage, qui s'établissaient

entrepreneurs de spectacles, de concerts... On a dit dernièrement, à la Chambre des députés, qu'en Chine les congrégations allaient parfois, *ad majorem Dei gloriam*, jusqu'à commanditer, sinon tenir des maisons de prostitution !... Mais nous avons peine à croire que l'amour du lucre les pousse jusque-là.

Quelle conclusion tirer de ce mercantilisme effréné de l'Eglise ?

En faisant ainsi argent de tout, en permettant avec de l'or d'acheter des parts de Paradis, de libérer des âmes du Purgatoire, la religion catholique devrait s'apercevoir qu'elle déshonore positivement son Dieu : sa justice est donc vénale, puisqu'il pardonne pour de l'argent. Il n'est pas un magistrat sur terre qui ne se trouverait mortellement calomnié si on l'accusait d'une pareille infamie.

D'un autre côté, cette religion, fondée par un Dieu né dans une étable, fils d'un modeste charpentier, est devenue sans conteste une religion de gens riches... Car, il n'y a pas à le nier, si pour être admis parmi les élus, il faut faire des sacrifices d'argent, les gueux, les prolétaires seront seuls irrémédiablement condamnés aux peines éternelles, car seuls ils n'auront pas eu le moyen de se racheter.

Bien qu'à la honte de notre civilisation l'influence du prêtre soit encore aujourd'hui beaucoup trop considérable, il convient pourtant de constater que la crise subie actuellement en France à peu près par toutes les branches du commerce n'a pas épargné le commerce particulier des prières, des indulgences et du rachat des âmes du purgatoire.

A Paris, en ce commencement de siècle, il y a vingt-cinq pour cent des enfants qui ne sont pas baptisés, vingt-cinq pour cent de mariages qui ne sont pas célébrés à l'église et vingt pour cent d'enterrements civils.

De plus, chaque année, une centaine de prêtres, honteux du métier qu'on leur fait faire, s'évadent des séminaires et des presbytères en faisant claquer les portes, et rentrent dans la vie ordinaire.

Quant à ceux qui restent par bêtise, par fourberie ou faute d'énergie suffisante pour conquérir une nouvelle situation sociale, ils font si bien toucher du doigt leur simplicité d'esprit, leur charlatanisme ou leur incrédulité, que tous

les jours ils dégoûtent de la religion
quelque âme sincère.

Comment en serait-il autrement lorsqu'on voit ces humbles, ces représentants d'un Dieu né dans une écurie, en-
flés de morgue et d'arrogance, se faire
donner du *Monseigneur*, de la *Gran-
deur*, de l'*Eminence*; ne fréquenter que
les riches, s'asseoir dans les villages à la
table des châtelains et n'implorer le
ciel que pour régner sur la terre par la
puissance et par la fortune ?

Combien ne voyons-nous pas de ces
serviteurs du Dieu fils de Joseph le charpentier, aspirer à la croix, non pas à la
croix douloureuse que Jésus portait sur
ses épaules, mais à celle qui s'attache
immodestement sur la poitrine ?

Comment peut-on avoir confiance
dans la sincérité des prêtres, lorsqu'on
les surprend, eux qui recommandent la
prière pour obtenir du ciel les remèdes
à tous nos maux, s'en allant sonner à la
porte des médecins les plus en renom
et fréquentant en troupe les stations bal-
néaires au lieu de demander la guérison
de leurs maladies à Dieu, aux saints et
aux diverses Notre-Dames qui ont la spécialité des cures impossibles ?

Comment peut-on affirmer leur désintéressement quand on constate qu'ils font argent de tout, qu'ils vendent des dispenses de tout, qu'ils trafiquent de messes, de parts de Paradis, de l'absolution des péchés, que sais-je encore ?

On ne peut naître, ni mourir, ni se marier sans leur payer quelque somme.

Le prêtre vit de l'autel, absolument comme l'aubergiste, écorcheur du voyageur ; il n'y a de différence entre eux que l'orthographe du mot.

Certes, il serait injuste de dire que les prêtres sont notoirement plus mauvais que les autres hommes. Non, mais ils ne sont pas meilleurs. Et ce qui ne saurait leur être pardonné, c'est leur hypocrisie, c'est de se faire un piédestal de vertus que la plupart du temps ils ne possèdent pas.

Ce qu'on ne saurait leur pardonner, c'est de faire croire à un pouvoir qu'ils n'ont pas, à un pouvoir imaginaire ; c'est d'entretenir chez les esprits faibles des espérances chimériques et de leur extorquer ainsi de l'argent, procédé malhonnête qui tombe exactement sous le coup de l'article 405 du Code pénal, définissant l'escroquerie.

Nous espérons que dans un temps prochain, le métier de prêtre sera aussi

discrédité que celui de somnambule ou
de tireuse de cartes.

Nous avons, dans notre code pénal,
un article qui punit d'un an d'empri-
sonnement au moins, sans compter
l'amende, quiconque aura extorqué des
fonds à autrui en faisant croire à un
pouvoir ou à un *crédit imaginaire*, ou en
faisant naître *l'espérance ou la crainte
d'un succès, d'un accident*, ou de tout
autre événement *chimérique*.

C'est en vertu de cet article que sont
poursuivis les sorciers, les somnam-
bules, les devins, les tireuses de cartes
et autres escrocs de diverses espèces.

Or, on est en droit de se demander
pourquoi les religieux, prêtres ou moines, qui promettent ce qu'ils savent ne
pouvoir tenir, qui assurent l'exemption
de l'enfer ou la sortie du purgatoire
moyennant finance, qui font verser dans
le tronc de saint Joseph ou de saint Antoine de Padoue, de l'argent pour la guérison des maladies, pour la récupération
d'objets perdus, pour conclure de beaux
mariages ou pour réussir aux examens,
etc., etc., on se demande pourquoi, en
vertu de quelle immunité ces menteurs,
ces fourbes, ces escrocs, selon la définition du Code, échappent aux justes lois ?

Cependant il n'est pas besoin d'un grand effort cérébral pour comprendre qu'il n'y a pas la moindre différence entre l'escroquerie religieuse et l'escroquerie laïque. Des deux côtés, ce sont exactement les mêmes procédés.

Si je voulais citer les faits d'escroquerie bien caractérisés dont se rendent journellement coupables les sorciers religieux, cette brochure serait trop courte pour les contenir.

Dans toutes les églises de France, on dit des messes payées pour les âmes du purgatoire, alors qu'il est impossible de prouver : 1° qu'il y a des âmes ; 2° qu'elles survivent à notre corps ; 3° qu'il y a un purgatoire ; 4° que Dieu, tel que la religion le définit, peut laisser fléchir sa suprême justice par l'argent versé aux prêtres.

Malgré l'impuissance absolue où sont les escrocs religieux de faire la preuve des faits qu'ils avancent, ils ne laissent pas de demander à tout bout de champ aux fidèles de l'argent pour le salut des âmes des trépassés. Si ce n'est pas là faire croire à un crédit *imaginaire* et à une puissance *chimérique capable de faire naître et de diriger les événements*, je ne sais plus ce que parler veut dire.

Quand nous aurons un gouvernement radicalement républicain, un ministère réellement radical, nous espérons bien que le ministre de la justice s'empressera d'enjoindre à ses substituts et procureurs de poursuivre les escrocs religieux au même titre que les escrocs laïques. Et en agissant de cette sorte, il n'aura même pas le mérite d'innover, il ne fera que suivre l'exemple donné par des pays qui passent pour beaucoup plus religieux que la France.

Ainsi, en Italie, dans cette Italie de Rome et de la papauté, on a vu plus d'une fois condamner des religieux qui vendaient des objets bénits soi-disant miraculeux.

A Florence, il s'est rencontré des juges pour punir des escroqueries qui sont honteusement pratiquées chez nous, au grand jour, sous l'œil de magistrats bénévoles : une religieuse italienne s'est vue condamner parce qu'elle avait vendu très cher à une femme un scapulaire qu'elle devait coudre dans la doublure des vêtements de son mari pour l'obliger à garder la fidélité conjugale.

Quand surgiront-ils les bons juges, les Magnaud libres-penseurs, qui feront respecter par les escrocs de l'Eglise la loi depuis trop longtemps impunément violée ?

§ 2. — Le Pape

Pas n'est besoin d'être un bien profond psychologue pour constater que l'homme porte en lui-même l'instinct d'une servilité pour ainsi dire congénitale.

On prétend qu'en nous l'amour de la liberté est un sentiment inné, naturel. Quelle erreur ! Comme le chien, l'homme ne demande qu'à obéir, à être rudoyé, maltraité, et il lèche avec amour la main qui le mène rudement.

Ce fait, aussi humiliant qu'incontestable, ressort de toutes les pages de notre histoire, laïque ou religieuse.

Jetons simplement les yeux autour de nous.

Ne voyons-nous pas dans les foules un besoin irrésistible d'exalter, d'acclamer, de diviniser un personnage quel qu'il soit, aujourd'hui celui-ci, demain celui-là, selon les circonstances ?

Les tyrans les plus cruels, les plus fourbes, les plus immoraux ont été indistinctement acclamés, qu'ils fussent rois, empereurs ou papes.

C'est justement en vertu de cet appétit de servitude, en vertu du goût invétéré pour l'abaissement, l'humiliation, la vénération stupide, qu'il y a pu avoir et qu'il y a des rois, des papes et des empereurs.

Quand on songe à l'admiration qu'excite encore aujourd'hui ce malfaiteur qui se nomme Napoléon Ier ; quand on pense que parcourant un champ de bataille au galop de son cheval qui foulait des blessés et des mourants, ceux-ci se redressaient une dernière fois pour crier : « Vive l'Empereur ! » on ne peut vraiment pas soutenir que le sentiment qui fait l'homme libre et fier soit un sentiment inné.

C'est ainsi que s'explique la souveraineté pontificale, comme toutes les autres souverainetés.

Ce nom de « pape », *papa*, c'est-à-dire père, désigna tout d'abord les chefs de la primitive Eglise, les évêques.

Grâce à des intrigues, à des luttes longuement poursuivies, à travers les siècles, les évêques de Rome finirent par s'affubler du titre de « souverains pontifes ».

Leur autorité, d'abord purement spirituelle, devint temporelle au moyen de l'acquisition de nombreux territoires.

Les mauvais germes forcément conte-
nus dans tout pouvoir absolu, ne pouvaient manquer de se développer dans la
souveraineté pontificale, ce qui suffirait
à démontrer qu'elle ne peut être d'institution divine.

Toutes les turpitudes, tous les excès,
les vices, les abus qu'on a pu reprocher
à certains rois ou à certains empereurs,
se retrouvent, et souvent encore exagé-
rés, dans l'histoire des papes.

Il faudrait n'avoir jamais ouvert un
livre d'histoire pour ignorer qu'il y eut
des pontifes, des vice-Dieu qui furent
des empoisonneurs, des assassins, des
voleurs, des pédérastes et des incestueux.

De ces deux mots, *Vice* et *Dieu*, le premier seul peut leur convenir.

En dépit de tous ces crimes, de toutes
ces souillures, tel était l'abrutissement
des masses, qu'ils n'en restèrent pas
moins des pontifes souverains et incon-
testés, aussi longtemps qu'il leur plut de
l'être, et qu'ils n'en furent pas moins vé-
nérés comme des représentants directs
de la Divinité sur la terre.

Il suit de là que Dieu fut le complice
des Borgia, des Jean XII, des Léon X,
et, par le fait, aussi criminel qu'eux. Il

a bien, en effet, été leur complice, puisque, tout-puissant, il n'a pas révoqué, destitué, anéanti ces infidèles serviteurs, et leur a laissé, au contraire, le pouvoir exorbitant de « lier et de délier » et de diriger les consciences de toute la chrétienté.

Lorsqu'un ministre garde des fonctionnaires qui pillent, volent et rançonnent le public, si, le sachant, il les couvre de son autorité, il est aussi coupable qu'eux.

Si le régime parlementaire avait été institué dans le gouvernement des âmes, jamais Dieu n'aurait pu résister aux interpellations que lui auraient attirées ses ministres, les papes.

Il serait injuste de ne pas reconnaître que parmi tous les papes qui se succédèrent depuis le onzième siècle jusqu'à Sarto, il y en eut d'intelligents et d'honnêtes, si toutefois on peut rester honnête en laissant croire à des troupeaux d'esprits faibles qu'on est supérieur à l'humanité et qu'on parle au nom d'un Dieu.

Dans les siècles de barbarie, le clergé, seul dépositaire de l'instruction et ayant acquis un certain degré de culture intellectuelle, était forcément supérieur à ces quasi sauvages qui furent nos ancêtres, les Francs, Ostrogoths ou Visigoths. A ce titre, les clercs, avec le pape à leur tête, rendirent d'incontestables services, et corrigèrent un peu la férocité de populations ignorantes et bestiales.

Ce furent les temps héroïques de la papauté, durant lesquels elle mit parfois sa redoutable autorité morale au service de la justice et de l'humanité. Mais ces temps-là ne durèrent pas plus que la modestie et l'humilité de ceux qui s'intitulaient « les serviteurs des serviteurs de Dieu ».L'ambition du pouvoir, la soif des richesses et des jouissances matérielles ne tardèrent pas à gangrener jusqu'aux moelles l'Eglise et ses chefs. Les scandales qu'ils étalèrent cyniquement à tous les yeux furent tels qu'une révolution finit par éclater, provoquée par le moine Luther, et qu'une religion nouvelle se dressa devant l'Eglise romaine, « cette grande Prostituée, » comme l'appelaient les protestants.

Depuis cette époque, les papes échaudés se sont un peu mieux surveillés, et ont cessé, en apparence du moins, d'affliger le monde chrétien du spectacle de leurs faiblesses et de leurs débordements.

On imagine difficilement qu'aujourd'hui un nouveau Borgia pourrait impunément et sans faire courir des risques à la religion, empoisonner une longue série de personnages et coucher avec sa fille au su et au vu de toute la société romaine.

Au point de vue des mœurs, les papes modernes se tiennent beaucoup mieux, c'est incontestable, que leurs prédécesseurs, mais ils sont aussi présomptueux, aussi ambitieux, aussi autoritaires, avec cependant des différences dans l'habileté. Le plus fin, le plus politique a été l'avant-dernier évêque de Rome Léon XIII.

Au lieu d'imiter la conduite maladroite de Pie IX, auquel il succédait, qui, avec son *Syllabus*, son *Immaculée-Conception* et son *Infaillibilité*, jeta un défi au bon sens et à la raison, Léon XIII s'efforça au contraire de moderniser la Religion et de la rendre acceptable par la démocratie.

C'est à lui qu'on doit le soi-disant ralliement des dévots à la République et l'institution du socialisme chrétien.

Ce fut lui qui souffla sur les yeux de Spuller avec son esprit nouveau, et dans le trombone de Lavigerie pour en faire sortir le chant de la *Marseillaise*.

Malgré toute son habileté, Léon XIII, qui a su pourtant faire tomber à ses pieds l'empereur Guillaume et le roi d'Angleterre, n'est pas arrivé à consommer l'union impossible qu'il avait tentée entre la République française et l'Eglise catholique, accouplement aussi monstrueux que celui de la carpe et du lapin.

Son successeur, l'ex-gondolier Sarto, ne se pique pas de finesse, lui : C'est un esprit simple et droit incapable de dissimuler ses sentiments.

Aussi, d'emblée, a-t-il, en mettant les pieds dans le plat, provoqué en France la séparation de l'Eglise et de l'Etat.

Ce faisant, il a montré que la barque de Saint-Pierre ne se manœuvre pas comme une gondole.

La religion chrétienne ne se relèvera pas de ce coup de massue et le pouvoir pontifical lui-même s'effondrera au milieu des innombrables schismes qui vont se produire.

C'en est fait de la tyrannie pontificale ; le flot monte qui submergera la souveraineté spirituelle, comme il a submergé déjà, dans une grande partie de l'Europe, le pouvoir temporel des despotes laïcs.

Les sciences et le libre examen renverseront les vieilles idoles religieuses, et l'on peut prévoir que dans un avenir prochain, « la raison finira par avoir raison. »

Après avoir parlé des prêtres, qui sont les ministres du culte, nous abordons le culte lui-même.

Une de ses premières manifestations est :

§ 3. — La prière

Pour peu qu'on y réfléchisse, la prière est non seulement illogique, mais absolument injurieuse pour la divinité, quelle quelle soit, à qui elle s'adresse.

Puisque Dieu est souverainement juste, puisqu'il sait tout, puisqu'il pénètre au fond de nos cœurs et nous juge non seulement sur nos actes, mais sur nos intentions, il est tenu, sous peine de mentir à son essence même, de nous punir ou de nous récompenser « selon nos mérites, » soit dans cette vie, soit dans l'autre. Dès lors, à quoi bon le prier ?

Pensons-nous donc qu'il est accessible à la vanité, et que les louanges peuvent changer ses déterminations ? Ce serait le rabaisser au niveau de l'humanité ; ce serait lui faire jouer le rôle ridicule du corbeau de la fable vis-à-vis du renard louangeur.

La prière est donc non seulement inutile, mais, nous le répétons, insultante pour Dieu.

Si l'on veut maintenant considérer ce qui fait l'objet habituel de nos prières, on sera forcé de nous donner raison.

Généralement, on prie Dieu pour en obtenir une faveur : les conscrits pieux et leurs parents, quand nous avions la conscription, lui demandaient de faire sortir de l'urne un bon numéro ; les médecins pieux lui demandent de leur faire gagner de l'argent ; les cultivateurs des pays où domine la sécheresse réclament la pluie, et ceux des pays où il pleut trop prient pour que la pluie cesse.

Mais, comme dit le proverbe, ce qui fait le bien de l'un fait le malheur de l'autre : le conscrit ne tire un bon numéro qu'au détriment de son voisin qui aurait pu avoir cette chance ; le médecin ne voit prospérer ses affaires qu'à condition qu'il y ait beaucoup de malades ; les agriculteurs qui obtiendraient de la pluie par leurs prières nuiraient aux cultivateurs d'autres régions qui, pour d'autres produits, ont besoin de sécheresse, etc., etc.

Il suit de là qu'adresser à Dieu une de ces prières qui, exaucée, entraînerait le malheur ou la ruine d'autrui, c'est lui faire injure, puisque c'est le supposer capable d'injustice.

Il faut vraiment ne pas avoir de sens moral pour demander à Dieu des « faveurs », ce mot seul impliquant une chose en soi injuste, car il signifie ce à quoi l'on n'a pas droit. Comprend-on Dieu souverainement juste et souverainement bon se laissant influencer par des prières, par des paroles flatteuses, par des louanges, pour accorder à quelqu'un ce qu'il n'a pas mérité ?

Comme, du reste, il ne peut contenter à la fois tous ceux qui l'assiègent de leurs prières contradictoires, on est bien forcé d'admettre que la meilleure solution pour lui est de se boucher les oreilles. C'est pour cela sans doute qu'on voit des trains de pèlerins réduits en capilotade ou des églises s'effondrer sur les fidèles en prières....

Mais ce n'est pas tout. Les croyants vont encore bien plus loin dans leur façon basse et méprisante de concevoir la divinité. Pour déterminer Dieu à leur accorder ce qu'ils désirent, ils n'hésitent pas à faire sur lui des tentatives de corruption ! ! ! Et quand je parle de Dieu, j'entends également les saints qui passent pour servir d'intermédiaires entre les hommes et la divinité.

On donne de l'argent aux prêtres pour dire des messes en *faveur* des âmes du purgatoire ; les chapelles où sont adorés saint Antoine de Padoue, saint Joseph et tant d'autres saints réputés pour leur influence auprès de Dieu, voient leurs troncs se remplir d'argent ; on achète des indulgences, comme aux temps qui ont précédé la Réforme ; on achète des permissions de faire gras, des licences de se marier aux époques prohibées par l'Eglise, etc., etc.

Tous ces commerces scandaleux ont été déjà suffisamment signalés pour qu'il soit besoin d'insister.

En résumé, ces pratiques, du plus grossier fétichisme, prouvent avec la dernière évidence que les croyants, quoiqu'ils en disent, ne comprennent pas Dieu comme un Etre suprême, infiniment *bon* et infiniment *juste*, mais qu'ils le ravalent même au-dessous de la moralité moyenne de l'humanité.

En effet, chez tout peuple civilisé, un homme puissant qui se laisse fléchir par des prières et par des présents doit encourir le mépris public. Si c'est un juge, comme Dieu en est un, on l'appelle pré-

varicateur, vénal ; si c'est un fonction-
naire, on l'appelle concussionnaire, et
il est exposé à toutes les sévérités du
Code pénal.

Un Dieu qui se rendrait coupable des
forfaitures dont les croyants le suppo-
sent capable, mériterait d'être condamné
au bagne sans circonstances atténuantes.

Tout cela est une preuve entre mille
que l'homme, impuissant à rien comprendre de ce qui est au-dessus de son
intellect, naturellement borné, s'est fait
un Dieu à son image, et l'a doté, sans
s'en apercevoir, de ses infirmités, de ses
vices, de ses faiblesses les plus coupables.

Toutes les religions sont plus ou
moins tombées dans ces enfantines contradictions.

§ 4. — La Messe

Personne n'ignore que les religions
primitives, concevant Dieu comme un
être humain, ont institué les *offrandes*
comme moyen de l'adorer et d'en obtenir
des faveurs.

Les Juifs étaient persuadés que Jéhovah se délectait à l'odeur des chairs d'a-
gneau ou de mouton grillées et que par-

dessus tout il appréciait les sacrifices humains, — témoin ce malheureux père Abraham, qui voulut immoler son fils pour être agréable à Dieu.

Les chrétiens, héritiers du bagage religieux des Juifs, n'ont pas renié cette tradition ; mais, pour différencier leur culte d'avec celui des Hébreux, ils imaginèrent de remplacer la viande des animaux de boucherie par celle du Christ lui-même, du Christ-Dieu changé en homme et devenant chair et sang au moment de la consécration de l'hostie par le prêtre.

La messe n'est autre chose que la représentation figurée, avec ou sans musique, de ce drame sanglant.

En effet, dans la messe, ou office divin, Jésus, sous la forme humaine, « s'offre en sacrifice à Dieu son père, et *se donne à manger aux fidèles* » (sic).

Quelle invention bizarre de cerveaux détraqués que ce Dieu comestible qui, heureux d'être avalé et digéré, s'incarne chaque jour et à chaque instant dans des milliers d'hosties, partout où l'on célèbre une messe !

« Ce saint sacrifice » étant considéré comme le moyen le plus efficace de s'attirer les bonnes grâces de Dieu le père, les prêtres en ont fait naturellement un objet de trafic. La messe tarifée à différents prix — il y en a pour toutes les bourses — est la monnaie avec laquelle on délivre les âmes des supplices du Purgatoire.

La représentation du sacrifice divin, très simple dans les commencements du christianisme, s'est agrémentée par la suite des siècles de toutes sortes d'accessoires. Aujourd'hui, c'est une véritable représentation théâtrale, dont la musique est la partie la plus appréciée, — car, en dehors des chants, le public n'y peut rien comprendre, toutes les paroles de ce drame étant empruntées au latin et parfois au grec. Les gestes, les allées et venues des prêtres, leurs attitudes, leurs génuflexions forment une pantomime, mais peu expressive, — c'est une espèce de danse sacrée, dont le sens s'est perdu, même pour les acteurs.

Grâce à la musique et au décor, grâce aux brillants costumes des prêtres officiants, on a pu dire, sans exagération, que la messe est l'opéra de ceux qui ne peuvent pas aller au théâtre, l'opéra des pauvres.

C'est dans la mise en scène que de tout temps a brillé le culte catholique.

§ 5. — La Confession

L'usage de la confession remonte à une assez haute antiquité.

Dans le principe, les Juifs, à certaines fêtes solennelles, se confessaient les uns aux autres.

Les chrétiens, qui ont emprunté aux Juifs, comme nous l'avons déjà dit, presque tous leurs dogmes et tous leurs rites, n'eurent garde d'oublier la confession, dont ils surent tirer un merveilleux parti pour dominer les hommes en connaissant leurs plus secrètes pensées.

Ce furent naturellement encore les prêtres qui se réservèrent de pénétrer ainsi au fond de l'âme des fidèles.

Pour s'assurer ce privilège inouï, ils affirmèrent qu'ils avaient reçu de Dieu le pouvoir de « remettre les péchés. »

On se demande, avec stupéfaction, comment ceux qui vont à confesse ne se tiennent pas le raisonnement suivant, d'une simplicité pourtant élémentaire :

« Puisque Dieu sait tout, il connaît aussi bien que moi tous mes péchés (il savait même d'avance que je les commettrais) ; à quoi bon, dès lors, les lui confesser par l'intermédiaire d'un personnage quelconque, laïc ou prêtre ?

» Et puisque le repentir est la condition absolue de la remise desdits péchés, je n'ai besoin de personne pour me repentir. C'est affaire entre Dieu et moi.... »

Il y a belle lurette que les protestants ont compris la justesse de ce raisonnement et qu'ils ont supprimé, dans leur nouvelle religion, la confession auriculaire.

Ils se confessent directement à Dieu, ce qui est un peu moins absurde, tout en l'étant encore suffisamment, puisque Dieu, par définition même de ses attributs, n'ignore aucune des pensées de ses créatures...

Et ceux qui se confessent directement ou par l'intermédiaire d'un prêtre ne font autre chose qu'avouer des actes répréhensibles déjà connus de Dieu, auquel ils s'adressent.

Une des plus hautes autorités de l'Eglise, saint Jean Chrysostome, n'est pas d'un autre avis que les protestants, puisqu'il disait au peuple dans sa cinquième homélie :

« Confessez-vous continuellement à

Dieu ; avouez vos péchés, *vous les céleriez en vain à Celui qui connaît toutes choses.* »

Seulement, cet excellent Chrysostome ne semble pas avoir compris dans quelle grossière contradiction il tombe, puisqu'il est parfaitement inutile d'avouer à Dieu, soit directement, soit indirectement, ce qu'il connaît déjà.

C'est ce qu'on appelle vulgairement porter de l'eau à la rivière.

Nous avons dit que la confession est immorale. Rien n'est plus facile à démontrer.

Pour que nos lecteurs en fussent à tout jamais convaincus, ils n'auraient qu'à lire l'examen des cas de conscience tels qu'ils sont énumérés dans les ouvrages des plus célèbres confesseurs, notamment des Jésuites.

Ils y verraient, au point de vue des mœurs, et en ce qui concerne particulièrement les rapports entre garçons et filles ou entre époux, les détails les plus révoltants, les plus cyniques que l'imagination la plus dépravée ait jamais pu inventer.

Le journal *la Raison* a publié jadis des extraits des *Diaconales*, le livre officiel, classique qui est mis entre les mains des élèves de Saint-Sulpice pour les préparer à confesser, quand ils seront prêtres. C'est un recueil de questions ordurières à faire rougir les corps de garde. Le seul fait de les avoir publiées dans un journal a valu à l'éditeur d'être poursuivi et condamné en police correctionnelle !

Et ce sont cependant les questions qu'un jeune prêtre est tenu d'adresser aux jeunes filles parfois innocentes qui viennent se confesser à lui.

Un père de famille qui apprendrait que sa fille a été attirée dans un coin obscur par un drôle qui lui a fait voir les obscénités des cartes transparentes et qui s'est plu à les lui commenter, tomberait certainement à coups de pied et à coups de poing sur un pareil malfaiteur.. Eh bien ! ce même père de famille accordera ce droit monstrueux à un homme quelconque revêtu d'une soutane.

Le prêtre peut donc impunément commettre les plus répugnants outrages à la pudeur, et c'est avec votre assentiment, messieurs les papas et messieurs les maris !

Michelet, notre grand historien, disait qu'en France les jeunes filles sont précoces parce que « la confession les avance ».

Et il avait raison.

Sans compter que quelquefois, la pénitente amoureuse de son curé, quand il est beau et bien bâti, est obligée de le lui avouer...

Or, tous les confesseurs n'ont pas la continence de Joseph à l'endroit de Madame Putiphar.

On pourrait écrire un volume sur l'absurdité et les dangers de la confession. Elle introduit l'autorité d'un tiers dans la famille et met le prêtre entre les enfants et le père, entre la femme et le mari.

Une des plus grandes immoralités de la confession, c'est qu'elle autorise certains pécheurs à retomber indéfiniment dans les mêmes vices et à commettre de nouveaux crimes, une fois l'absolution obtenue.

Il y a des dévotes qui se confessent tous les quinze jours, ou tous les mois avec la même régularité qu'elles donnent leur linge sale à la blanchisseuse. Quand elles ont lessivé leur conscience, elles recommencent à pécher avec l'assurance d'avoir encore l'absolution. Il suffit, pour cela, qu'elles se repentent; or, il est bien rare, à moins d'être un criminel endurci, de ne pas se repentir d'une mauvaise action. L'ivrogne ne jure-t-il pas sincèrement qu'il ne boira plus ?

Louis XI et la Brinvilliers, qui furent de grands criminels, se confessaient presque tous les jours.

§ 6. — La Communion

Dans le banquet d'adieu qui réunissait ses disciples, Jésus leur avait dit en leur montrant du pain et du vin : « Mangez et buvez, ceci est ma chair, ceci est mon sang. »

Aucun des convives, évidemment, ne put se tromper sur le sens symbolique de ces paroles, mais plus tard, certains commentateurs des Evangiles prétendirent que le Christ s'était bien réellement offert en personne, en chair et en os, à l'appétit des croyants. Les prêtres, se conformant à cette ridicule interprétation, crurent devoir chercher un moyen commode de rendre Dieu comestible. Ils assurèrent qu'en prononçant certaines paroles magiques, ils avaient le pouvoir de faire descendre Dieu dans une espèce de pâte légère, d'ingurgitation et de digestion faciles. Et c'est ainsi que fut établi le Saint-Sacrement de l'Eucharistie — ou Communion.

Lorsqu'après la confession, la pénitence et l'absolution le pécheur se trouve suffisamment bien lavé de la souillure du péché, l'Eglise lui permet de « s'approcher de la Sainte Table ». Et là, Dieu lui est servi, en guise de petit déjeuner, par l'officiant, une serviette (étole) sur le bras.

Pour que le Christ, au moment où il dévale dans l'estomac du pieux client, ne s'y trouve pas en compagnie de restes d'aliments, comme par exemple du café au lait du matin, les communiants, sous peine de sacrilège, doivent être à jeun au moins depuis la veille.

Mais cette précaution nous semble bien illusoire, puisqu'immédiatement après la communion le communiant peut manger aussi copieusement qu'il voudra. Le corps de Jésus-Christ sera donc forcément mélangé avec le bifteck aux pommes, subira comme ce vulgaire aliment les actions chimiques des sucs gastriques et entrera, notablement transformé dans la circulation où il voyagera, à travers les intestins, jusqu'à... la sortie finale..... Pouah ! jetons un voile sur cette fin, par respect pour nos lecteurs !

Les théologiens expliquent (?) qu'après

la consécration de l'hostie il ne reste plus que les apparences du pain et du vin. C'est du pain qui n'en est pas et du vin qui n'en est pas non plus. Dieu remplace ces substances, et il se trouve non pas dans le milieu, ou dans une partie quelconque de l'hostie, mais partout, jusque dans la moindre de ses miettes si on venait à la rompre.

Donc on peut briser l'hostie sans s'exposer à casser les reins à Jésus-Christ.

Ce phénomène bizarre de la transsubstantiation (ouf !), bien moins facile à faire avaler que la gaufrette divine, n'a pas manqué, c'était assez naturel, d'être mis en doute par nombre de théologiens récalcitrants. Cent mille miettes de pain qui ne font qu'un Dieu ! C'est encore moins compréhensible que la Trinité, ce qui n'est pas peu dire ! Il y a eu de très saints personnages qui se sont refusés à y croire. De là des schismes qui ont ensanglanté longtemps l'histoire religieuse, car on ne se passionne fanatiquement que pour les choses qu'on ne comprend pas.

Ça été une des causes de la Réforme, de la naissance du protestantisme.

Nous avons dit précédemment que la

Communion a eu pour origine certaines
paroles soi-disant prononcées par Jésus-
Christ dans la Cène ou repas offert à ses
apôtres. Mais jamais cette idée, absolument barroque, de donner Dieu en pâture
aux fidèles n'aurait pu germer dans les
cerveaux des prêtres s'ils ne s'étaient
inspirés des exemples de leurs ancêtres
préhistoriques — qui étaient anthropophages. La Communion est certainement
une survivance des époques lointaines
où à peu près partout les guerriers mangeaient les cadavres, ou le plus souvent
les parties nobles, la cervelle, le cœur ou
les yeux des chefs vaincus. C'était pour
s'incorporer, pour s'assimiler leur force
et leur vaillance.

Cet usage existe encore aujourd'hui
chez les peuplades sauvages.

Un capitaine de vaisseau, de mes amis,
feu le commandant Chevé, qui était
poète à « ses heures de quart », a ra-
conté que, dans un de ses lointains
voyages, il s'était lié d'amitié avec un su-
perbe nègre, une espèce de géant, qu'il
nommait son *Tayo*. Obligé de s'absenter
pour une expédition qui dura assez longtemps, lorsqu'il revint on lui apprit que
son pauvre ami avait trouvé un tombeau
dans l'estomac du grand chef de la tribu,

un vieillard perclus de rhumatismes et couvert de dégoûtants ulcères.

> Pour éclaircir son sang par la lymphe épaissi
> Et pour s'incorporer sa jeunesse et sa force,
> Le roi l'avait mangé sur un grand plat d'écorce
> De patates farci

En remontant à la plus haute antiquité, on trouve que, plusieurs milliers d'années avant Jésus-Christ, c'était une habitude traditionnelle chez les Egyptiens de se nourrir, en certaines circonstances, de leurs Dieux. C'est pourquoi sans doute ils en avaient choisi qui eussent la chair succulente, comme le bœuf Apis, par exemple.

Mais c'étaient surtout les morts qu'ils supposaient friands de chair divine. On croyait que, dans l'autre monde, ils donnaient la chasse aux Dieux, comme à un délicat gibier. C'est le savant égyptologue Maspero qui a découvert cet intéressant détail en lisant un texte hyéroglyphique des Pyramides de Saggarah. « Le roi Ounas, dit ce texte, est parti pour la chasse aux Dieux avec une suite nombreuse de génies. L'un d'eux lance le lazzo sur eux, les capture et les amène au Mort. Un troisième les renverse et les lie ; un quatrième leur fend la gorge et leur ouvre le ventre pour en tirer les entrailles.

» L'abatage terminé, la cuisine commence : les cuisses des Dieux et des Déesses sont mises dans le chaudron brûlant puis servies au roi. Les plus grands des Dieux sont pour le repas du matin ; les moyens pour le rôti ; les petits pour le repas du soir ; les plus vieux et les plus vieilles sont cuits au four. »

Le résultat de ce festin, c'est que, comme dit le texte, « Ounas prospère, *car les vertus des Dieux sont dans son ventre.* »

Après cette lecture comment ne pas être convaincu du rapport étroit qui unit cette théophagie égyptienne à la théophagie pratiquée actuellement dans la Communion catholique ?

Aux chrétiens qui seraient tentés de rire de ce que les Egyptiens mangeaient leur Dieu sous la forme d'un bœuf (Apis), nous rappellerons que dans la religion catholique, apostolique et romaine, « le poisson » représente le corps même de Jésus. Et saint Augustin dit en propres termes : *Piscis assus Christus est* — le *poisson frit, c'est le Christ !*

Cette idée enfantine qui consiste à croire qu'on peut s'incorporer les qualités réelles ou supposées d'un être quelconque en le mangeant, cette idée a hanté tout le Moyen-Age. Dans les Bestiaires, qui étaient les ouvrages d'histoire naturelle de cette époque, il est dit que pour être courageux il faut manger le cœur d'un lion ; pour être rusé, le cœur d'un renard, etc. D'où cette conséquence toute naturelle que, pour être fort contre le vice, contre les tentations du démon, il faut manger Dieu...

On nous permettra de demander aux théologiens comment ils font s'accorder les merveilleux effets de la grâce divine avec ce que nous rapporte l'histoire au sujet de certains mangeurs de bon Dieu. Ainsi Louis XI, modèle de piété, mais non de vertu, communiait fréquemment, et il s'est souillé de très vilains crimes en sortant de la « Sainte Table ».

L'assassin du prince d'Orange, dont la main avait été armée par les Jésuites, et Ravaillac, le meurtrier du bon roi Henri, avaient dûment communié avant de commettre leur crime, afin de ne pas manquer leur coup.

Nous avons déjà dit que les deux fameuses empoisonneuses du temps de Louis XIV, la Voisin et la Brinvilliers, communiaient presque tous les jours...

Il y a lieu d'être étonné de ce que ces malfaiteurs n'ont pas été empêchés d'accomplir leurs forfaits par le Dieu qu'ils avaient dans le ventre !

CONCLUSION

Cet opuscule, tout incomplet qu'il soit, suffira, nous l'espérons, à ceux qui voudront bien le lire de bonne foi, sans parti pris, pour les convaincre de l'absurdité de toutes les Religions et de leur parfaite inutilité.

S'il y a encore beaucoup trop d'esprits enténébrés par des croyances d'un autre âge, ces ténèbres, épaissies à plaisir par les prêtres exploiteurs de la sottise et de l'ignorance, se dissiperont devant le Flambeau de la Science, comme les brouillards du matin s'évanouissent quand le soleil paraît au-dessus de l'horizon.

Ici, nous croyons nécessaire de répondre à une objection cent fois adressée aux libres-penseurs et qui consiste à dire : « De grands savants, des intellectuels de premier ordre ont cru en Dieu et pratiqué les cérémonies du culte : vous n'avez donc pas le droit de déclarer ineptes cette croyance et ce culte ! »

On pourrait répondre en citant les noms d'hommes illustres qui ont été de parfaits athées, mais l'objection n'en subsisterait pas moins. C'est par d'autres arguments qu'il la faut combattre. Toutefois, il est bon de faire observer que tous les hommes célèbres ne sont pas parfaits, qu'ils ont des tares, des lacunes dans le cerveau. Aristote, le grand Aristote, par lequel a juré tout le Moyen-Age, a soutenu la légitimité de l'esclavage, Périclès était grossièrement superstitieux, Pascal avait des hallucinations, Honoré Balzac croyait aux pressentiments, Victor Hugo à la fatalité du nombre 13, etc., etc.

Il y a des philosophes qui ont prétendu que le génie est une névrose, une maladie mentale, et qu'entre le génie et la folie la ligne de démarcation est souvent bien étroite. Le philosophe italien Lombroso a écrit un gros livre pour soutenir cette thèse. Tout le monde a pu autour de soi faire des observations qui confirment cette opinion. Ainsi il est reconnu que les mathématiciens, en dehors des nombres et des grandeurs, raisonnent souvent à faux lorsqu'ils veulent appliquer la rigueur de leurs démonstrations aux vérités essentiellement délicates et relatives de la philosophie ou de la politique. On disait du célèbre mathématicien et musicien Philidor « qu'il était un imbécile de génie ». Nombre d'artistes, de savants, de médecins, plus illustres les uns que les autres, une fois sortis de la spécialité où ils excellent, sont de la plus pitoyable médiocrité.

On a souvent cité l'exemple de Pasteur qui, en dépit de sa science profonde, était demeuré religieux. Pourtant il est impossible de concevoir que ce naturaliste, ce médecin, ce physiologiste, cet incomparable chimiste ait pu croire sérieusement que Dieu créa la femme avec la côte d'un homme ; que la lumière a existé avant le soleil ; que cet astre tournait autour de la Terre quand Josué l'a arrêté ; que Noé a pu enfermer dans un bateau les milliards d'êtres existant sur le globe avec la nourriture nécessaire à leur subsistance ; qu'une baleine, qui ne peut manger que de petits poissons, a avalé Jonas et que celui-ci a vécu trois jours dans l'estomac de ce cétacé, etc.

Pasteur, qui a dû toutes ses découvertes à la rigueur de sa méthode, à la rectitude de son jugement, qui n'admettait que les faits cent fois contrôlés par ses expériences, n'a pas sérieusement pu ajouter foi à ces miracles de la

Bible qui sont la négation même des vérités scientifiques.

Pasteur a été tout simplement un ti-
mide, un de ces savants qui ne sont har-
dis et novateurs que dans leur labora-
toire et qui, en dehors de la science, sont
restés naïfs et crédules comme des enfants. Peut-être aussi, et le cas est fré-
quent, pensait-il qu'en n'allant pas à la
messe, en niant tout ce qu'il entendait
affirmer autour de lui, il pouvait se créer
des ennemis dans sa famille, dans ses
relations, dans sa carrière. Il ne faut pas
oublier que les libres-penseurs, au temps
de la jeunesse de Pasteur, et même dans
son âge mûr, étaient en bien petit nombre et fort mal vus par l'Université.

Au surplus, il ne s'est jamais montré
un croyant bien fanatique, puisque lui-
même raconte dans ses lettres qu'il em-
portait à la messe, pour les lire, des ouvrages profanes de philosophie plus ou
moins spiritualiste, mais qui n'étaient
pas des livres de prières.

Peut-être aussi appartenait-il à cette
école de sentimentaux qui veulent de la
Religion pour le peuple, pour les malheureux, parce que le mensonge religieux est un pieux mensonge, un mensonge consolant.

Mais qu'importe, après tout ! En matière de Religion, Pasteur dit *oui*, Berthelot dit *non* ; que les deux grands chimistes se débrouillent. Nous tenons pour Berthelot, parce qu'il raisonne son incrédulité, tandis que Pasteur n'a jamais raisonné sa foi ; il est vrai que la Foi et la Raison s'excluent d'une manière absolue.

Quoi qu'il en soit, les progrès de la libre-pensée et du rationalisme se manifestent sans qu'on puisse les contester. Des symptômes irrésistibles annoncent l'effondrement certain de la Religion ; ce n'est plus qu'une affaire de temps.

La séparation des Eglises et de l'Etat a été la commotion sismique qui a ébranlé jusque dans ses fondements ce vieil édifice vermoulu.

Tous les prêtres avisés et honnêtes, dont l'enseignement religieux n'a pas tout à fait atrophié le cerveau, jettent les uns après les autres leur soutane aux orties.

Il ne restera bientôt plus dans les rangs du clergé régulier ou séculier que les plus faibles d'esprit ou de caractère, ceux qui n'auront pas eu l'intelligence ou le courage de se faire une nouvelle existence.

Si les églises ne sont pas encore dé-
sertes, comme elles le seront plus tard,
cela tient moins à la persistance de la
foi qu'à la force de l'habitude. Mais cette
habitude de la pratique religieuse, on la
voit, diminue de jour en jour. Il y a une
trentaine d'années seulement, les enterrements civils étaient des plus rares ;
quant aux mariés qui ne se faisaient pas
bénir par les prêtres, on n'en avait jamais entendu parler...

Aujourd'hui, les morts qui ne passent
pas par l'Eglise sont presque aussi nombreux que ceux qui sont enterrés catho-
liquement. Et encore, parmi ces derniers, combien n'y a-t-il pas de libres-
penseurs dont la famille n'a pas respecté
les sentiments irréligieux de toute leur
vie ? Les mariages civils deviennent de
plus en plus fréquents et il y en aura autant que d'unions consacrées par l'Eglise
le jour où les sociétés de libre-pensée
auront organisé dans chaque mairie un
cérémonial laïc avec fleurs et musique.

Donc ayons confiance dans l'avenir et
continuons, libres-penseurs, mes amis,
notre œuvre de propagande et de lutte : le
succès final est prochain.

TABLE DES MATIÈRES

BESANÇON, IMP. J. MILLOT ET Cie, 20, RUE GAMBETTA

Pour la Propagande

~~~~~~~~

La présente brochure : *Petit Manuel des Esprits Forts*, par Ch. BEAUQUIER, éditée spécialement en vue de la propagande, est cédée aux prix réduits suivants, aux personnes ou aux groupes qui croiront bon de la répandre et de la faire lire.

Prise dans les bureaux du *Petit Comtois* et du *Réveil des Campagnes*, 20, rue Gambetta, Besançon :

Par	20	exemplaires	. .	2 fr.	50
Par	50	id.	. .	6	»
Par	100	id.	. .	11	»
Par	500	id.	. .	50	»
Par	1.000	id.	. .	90	»

Expédiée *franco* en gare la plus rapprochée du domicile :

Par	20	exemplaires	. .	3 fr.	10
Par	50	id.	. .	6	60
Par	100	id.	. .	11	80
Par	500	id.	. .	52	30
Par	1.000	id.	. .	94	25
~~~~~~~~